LAS 12 LEYES UNIVERSALES

TRABAJA BAJO LAS LEYES UNIVERSALES Y CAMBIA TU VIDA

AUTOR

VICTOR ROJAS
NOVIEMBRE
LA SERENA , CHILE .

EBOOK DIGITAL 12 LEYES DEL UNIVERSO.

DERECHOS DE AUTOR.

LAS 12 LEYES UNIVERSALES

Mucha gente está familiarizada con la ley de atracción actualmente debido a la popularidad de la película y el libro "el secreto ". (recomiendo ver la película o el libro) sin embargo las leyes del universo son un poco más complicado s que eso , la ley de atracción es solo una de las doce leyes universales y no puede funcionar sola , aunque películas como el secreto son un excelente manual para presentar a las personas las leyes universales se queda un poco corta en su capacidad para enseñar a las personas todo lo que necesitan saber para manifestar debido a su tamaño limitado . simplifico en exceso muchas cosas que son muy importantes para trabajar con las leyes universales las personas se frustran al tratar de manifestar su realidad ideal intentan cosas como paneles de visión, afirmaciones, técnicas de visualización y muchas cosas más solo para descubrir que se están quedando cortas pueden dirigir está energía a cosas como riqueza y dinero cuando lo que realmente quieren es seguridad y libertad la ley de atracción definitivamente funciona , pero requiere una comprensión más profunda y la aplicación de todas las leyes universales juntas reconocer y obtener una breve comprensión del círculo completo de las leyes universales hará que trabajar con la ley de atracción sea más fácil si luchas por manifestar tus deseos este libro te aclarará todo y aprenderás a utilizar las leyes universales y esto te dara el poder de convertir cada sueño cada deseo que posees en una gran realidad. Tu manifestación será mucho más rápida, mucho más fuerte y mucho más grande que nunca . Antes de empezar déjame explicarte cuáles son esas leyes mágicas del universo y como funcionan realmente estás leyes se basan en principios metafísicos, filosóficos y de física cuántica que han estado en funcionamiento desde él principió de los tiempos y que a menudo solo lo entendían místicos y sabios esas leyes también ahora están siendo probadas por la ciencia y lentamente la humanidad está despertando a su consciencia de ser creadores deliberados a través del pensamiento y la emoción . Entendamos que estas doce leyes funcionan junto a todas las demás leyes del universo desde el bigbang y quizás incluso antes cuando el universo simplemente se pensaba en singularidad RICHARD CONN HENRY profesor de física y astronomía dijo supéralo y acepta la conclusión indiscutible el universo es inmaterial mental y espíritual todo en el universo cuando se descomponen las partículas más pequeñas está hecho energía incluso nosotros todo es un mar de electrones que vibran en patrones circulares a diferentes frecuencias dado que la energía se mueve en patrones circulares es fácil entender que lo que envíamos vibratoriamente nos regresara en algún momento determinado puede ser inmediato o tardado dependiendo el enfoque o intensidad pongas en los pensamientos un factor importante es también cuanta emoción y acción verbal o conductual le atribuyes al pensamiento cuando adjuntas emociones a los pensamientos que tienes estás multiplicando la energía enviada en el universo y ,por lo tanto llevarás las cosas que pones enfoque a lo físico mucho más rápido eres responsable de tu vida tienes un libre albedrío que te permite elegír tu enfoque en pensamientos positivos o negativos y aún más importante tienes un sistema de guía emocional que te permite saber lo que estás pensando y , por lo tanto , vibrando. Cada vez que sientes alegría , placer , deseo, entusiasmo o pasión tus emociones te dicen que estás alíneado con tus deseos y que estás atrayendo cosas positivas a tu experiencia física la misma manera siempre que te sientas deseperado deprimido enojado o carente tus emociones   te están diciendo que estás desalineado vibratoriamente con las cosas que quieres en la dirección opuesta atrayendo con esta vibración cosas no deseadas las emociones son tu herramienta más maravillosa y sofisticada para guiar y comprender tu vida de momento a momento las leyes del universo brindan pautas para las actítudes y comportamientos que transforman y optimizan tu cuerpo físico, menta, emocional y espíritual .

ESTAS SON LAS 12 LEYES DEL UNIVERSO

1 LEY DE LA UNIDAD DIVINA
2 LEY DE VIBRACIÓN
3 LEY DE LA ACCIÓN
4 LEY DE LA CORRESPONDENCIA
5 LEY DE CAUSA Y EFECTO
6 LEY DE COMPENSACIÓN
7 LEY DE ATRACCIÓN
8 LEY DE TRANSMUTACIÓN PERPETUA DE ENERGÍA
9 LEY DE LA RELATIVIDAD
10 LEY DE LA POLARIDAD
11 LEY DEL RITMO
12 LEY DE GÉNERO

LEY DE LA UNIDAD DIVINA

Hay una palabra que amo y que resume muy bien es NAMASTE en su traducción literal me inclinó ante ti, Namaste es un saludo que enfatiza el entendimiento que todos estamos hechos de una misma unidad divina , en otras palabras todas las cosas estan conectadas y todos somos uno . Es una forma de reconocer la conexión que todos compartimos . La ley de unidad divina establece que toda la vida , toda la energía proviene de una fuente todos somos energía conectados a lo largo de nosotros mismos y nos afecta en cada momento todo lo que hacemos décimos pensamos y creemos nos afecta a nosotros y a la conciencia colectiva de toda la humanidad así como a la evolución del universo " APRENDE A VER Y DATE CUENTA QUE TODO SE CONECTA CON TODO LO DEMÁS " LEONARDO DAVINCI. esta ley nos enseña al servicio al bien superior pone el amor incondicional y la contribución a los demás como la maxima autorealización y realización que puede traer felicidad verdadera y duradera cuando satisfacemos nuestras necesidades y entramos en contacto con nuestro yo superior descubrimos nuestras pasiones y queremos constribuir y ayudar a otros a través de esta pasión muestra independientemente de lo que sea desde enseñar conocimiento espiritual hasta hornear , escribir o tocar música . El macro universo es un organismo vivo que continuamente recibe y da energía para crear una realidad material , cuando decidimos constribuir positivamente nos encontramos llenos de bendiciones y apoyo para crear esta visión más grandiosa de la vida . Las cincronicidades fluirán y las personas y eventos adecuados vendrán y te ayudarán a seguir adelante con tus sueños con lo que sea que te traiga alegría por qué el propósito de todo esto es experimentar la felicidad vivir desde el corazón y contribuir con la pasión, el sistema no físico más grande te brinda oportunidades para la felicidad y la autorealización y tú a cambio lo ayudas a que se unifique sea poderoso y lo desarrolles con nuevas y mejores condiciones en el plano físico esa es la esencia de la ley de la unidad divina.

LEY DE LA VIBRACIÓN

Todo es energÍa y eso es todo coincide con la frecuencia de la realidad que deseas y no puedes evitar obtener esa realidad , no puede ser de otra manera , esto no es filosofía esto es física. ALBERT EINSTEIN. Cada sonido , cada pensamiento , cada sentimiento y emoción tiene una frecuencia vibratoria única y todo se mueve   vibran y viajan en patrones circulares. Los pensamientos y sentimientos tienen un poder de atracción muy significativo saber como ser consciente de tus sentimientos y concentrarce en como elevar tu frecuencia vibratoria para alinearse con tus deseos . Es lo más importante y crucial que puedes hacer para crear la vida de tus deseos la misma ley establece   que las frecuencias similares atraen frecuencias similares , por lo tanto tu enfoque en pensamientos o sentimientos positivos o negativos atraerán más del mismo tipo cada emoción es la misma vibración con diferentes frecuencias en cada espectro por eje . la impotencia tiene una frecuencia muy baja y densa mientras que el poder personal es la misma vibración , pero con una frecuencia alta positiva estimulante y vibrante en el espectro opuesto tienes que hacer coincidir la frecuencia que quieres para atraer a tu vida pensamientos sentimientos palabra y acciones similares provenientes de ti mismo para materializar tus deseos que también son frecuencias de energía , si tu objetivo es atraer riqueza entonces debes actuar como si la tuvieras concentrarte en los sentimientos que la riqueza te traerá y sentir la alegría que se cree en lo no físico y el conocimiento que esta llegando a ti en lo físico también . No necesitas preocuparte por como sucederá y enredarte en los detalles, tu único trabajo es mantenerte enfocado en los buenos sentimientos sobre este tema y elevar tus vibraciones sobre ellos , todo lo que quieras ya está creado para ti y esta presente en el universo todo lo que necesitas hacer es alinearte con la vibración de tu deseo para que puedas permitirlo entrar en tu vida descubrir que es lo que deseas te dara sentimientos de entusiasmo y alegría . Recibirás alegría para moverte en la dirección de tus sueños , estos sentimientos son sobres los necesitas actuar. Cuando actúas como si lo que deseas ya estuviera en tu posesión te alineas con la frecuencia vibratoria de lo que deseas y lo atraes rápido de esta manera comienzas a cerrar la brecha entre tu imagen mental y tu realidad física y atraerás circunstancias persona e ideas creativas que te ayudaran a lograr tu objsetivo esta es la esencia de la ley de vibración.

LEY DE LA ACCIÓN

Esta regla establece que debes facilitar las otras leyes con acción inspiradora , necesitamos ejercitar la acción cuando recibimos orientación desde dentro de nosotros mismos , la forma de saber si tu guía proviene de tu mente , del yo interior pacífico es leyendo tus sentimientos y tomando conciencia de como te sientes acerca de lo que tienes que hacer si te sientes bien y estás entusiasmados con ellos entonces es una guía que proviene de esa parte más sustancia de ti con conocimientos, pero si la acción que necesitas tomar se siente pesada, confusa , o tienes ganas de postergar entonces algo no está bien y sería mejor esperar hasta tener más claro cúal es tu propósito mantente despierto y cuando la idea u oportunidad llegue muevete con ella pero no realizes acciones radicales que te lleven a emociones bajas como el miedo la desesperación o la carencia debes entrenarte para mirar el vaso medio lleno y comenzar enviando intenciones en el universo que te taeran circunstancias que cambiaran tus situaciones de vida debes hacer el cambio gradualmente en lugar de hacer movimientos drásticos que pueden llevarte a la desesperación y aún gran problema estar desesperado no te ayudará a cambiar tus vibraciones . aquí es donde la mayoría de nosotros fallamos podemos saber lo que queremos , pero no logramos actuar porque somos escépticos nos sentimos indignos o no somos capaces de lograr nuestros sueños o estamos demasiados deprimidos o agotados por vivir en condiciones difíciles el proceso de creación siempre comienza en la mente con una idea las acciones y visualizaciones hacen un trabajo tremendo , pero sin una acción constante de tu parte tus metas se convertirán en sueños y lamentos por no vivir la visa al máximo incluso si tus pasos se desviaran aquí y allá con cada acción estarás más claro al escuchar y seguir tu intuición y acércate al resultado deseado lo más importante ten fé y paciencia para perseguir el éxito confía en tu guía al tomar decisiones y aprende que el poder para crearlo está dentro de ti y que el universo te apoya al cien por cien .

LA LEY DE LA CORRESPONDENCIA

Tanto arriba como abajo tu realidad interior crea tu mundo exterior lo que piensas sientes y te dices y crees en tu interior , atrae la circunstancias las personas y la situaciones de la vida en tu realidad externa , todos los días la mayoría de la gente no piensa de esta manera porque todos hemos sido entrenados para creer que todo está fuera del alcance de nosotros y no tenemos control sobre las circunstancias externas tu carrera , relaciones , finanzas son reflejos de tus creencias internas y lo que consideras ser digno de tener en tu vida. No puedes culpar a nadie y a nada por la situación de tu vida tus creencias y tu ego inventarán todo tipo de historias para evitar que enfrentes tus verdaderos sentimientos y llegues al núcleo de esas creencias inútiles, para que puedas conocerlas y cambiarlas lo único que tienes que aprender es a cambiar tu percepción en la vida , cambiar tu enfoque porque vivir en una sociedad condicionada con creencias y limitaciones nos entrena a olvidar quienes somos realmente y cuanto poder poseemos , ignoramos nuestras emociones y deseos nos conformamos con menos , nos decimos eso no me puede pasar a mí no soy una de esas personas afortunadas en realidad puedes hacer y lograr todo . el poder de cambiar está dentro de ti no depende de nada que este fuera de ti otros lo han hecho antes que tú y no tenían nada más de lo que tú tienes , pero aprenden a dar los pasos necesarios para lograr lo que quieren descubieron que lo más importante es que te concentres en lo que quieres tener en tu vida y desvíes tú atención de cualquier manifestación que haya ocurrido que no esté alineada con lo que querías , en lugar de pensar que es demasiado difícil es imposible no soy capaz y todo ese diálogo interno negativo que fue programado por tu ego necesitas empezar a centrarte en lo que quieres , empezar a preguntarte porque no creer en las cosas buenas que vienen a mí sin importar lo que mi realidad física me muestre , porque no concentrarse en las creaciones no físicas y comprender que todo es vibración y que tú creas poniendo tu enfoque en expectativas negativas o positivas no tienes nada que perder si comienzas hacer esto pero , en cambio , comenzarás a sentirte mejor en ese momento . Tus buenos sentimientos en este momento aceleraran tremendamente esa manifestación , podrás seguir la guía que necesitas y los resultados seguirán inmediatamente , los resultados que obtendrás te servirán de prueba y aumentaran tu confianza cada vez más la creencias limitantes centrales que padece la humanidad , tales como no soy digno de ser amado, no soy digno . Todas son ilusiones de nuestro yo temeroso . Eres poderoso más allá de tu comprensión actual , tienes oportunidades para conocer tu potencial con sinceridad al tomar conciencia de tus pensamientos y eliminar esas barreras autoimpuestas.

LA LEY DE CAUSA Y EFECTO

Con cada pensamiento , sentimiento o acción son con los que moldeas tu realidad , en consecuencia estas a cargo del proceso atraes exactamente lo que deseas y crees que eres digno de recibir si estás en una mala situación financiera la atrajiste con tus creencias sobre el dinero lo que piensas y sientes ,por lo tanto , vibras lo que obtendrás a cambio. A pesar de que queremos culpar a las circunstancias externas esa no es la verdad y eso también nos hace impotentes , entonces basta de culpar a los eventos externos y de jugar con la mentalidad de víctima ,en cambio , concentrémonos en asumir la responsabilidad de nuestras vidas por las creaciones inconscientes no deseadas que están jugando de fentre a nuestros ojos , cambiemos de marcha para enfrentar nuestros sentimientos en las áreas que nos hacen infelices y concentrémonos en lo que queremos y creemos el futuro que pretendemos . La mejor manera para atraer lo que deseas es concentrándose en los sentimientos que recibiste cuando pienses en este deseo , simplemente difunde estos sentimientos a tu alrededor y rodéate de cualquier cosa que construya esta vibración lo que sea que quieras en tu vida envíalo ahora y enviáselo a los demás así es como atraer lo que más quieres amor y comprensión dáselo a los demás incondicionalmente recuerda los regalos más preciados son los que vienen del corazón , una sonrisa , un abrazo , una flor , un consejo amable y lo más importante el regalo del amor .

LA LEY DE LA COMPENSACIÓN

Esta ley reacción del universo , cuando aplicamos la ley anterior la ley de causa y efecto nos devuelve a lo que estamos enviando atravez de nuestras frecuencias vibratorias recibimos bendiciones y abundancia como recompensas que pueden tomar cualquier forma de dinero regalos, amistades, amor , creatividad , miedo , carencias , envidias , celos o mentalidad de víctima , dependiendo de lo que enviemos . El éxito significa no solo dinero o recompensas monetarias , sino en abundancia en todas la formas que vienen hacia nosotros como respuesta a nuestras acciones , todas las cosas vienen a ti reflejando tu mundo interior mostrándote los pensamientos que piensas , los sentimientos que tienes y cualquier forma de energía que envías al universo , para que puedas tomar conciencia de él y cambiarlo si es necesario debes estar agradecido por tus sentimientos negativos porque son la herramienta más asombrosamente precisa que te muestra con precisión lo que vibras . Una vez que comprendes su utilidad y te acercas a ellos con compasión y amor por ti mismo , en lugar de culpar y sentir culpa comenzaran a suavizarse y se liberara de tu cuerpo emocional , toda esa energía se liberara para que puedas usarla a tu favor en lugar que se reprima y se estanque en tí atrayendo circunstancias que no deseas somos libres de enviar lo que queramos para recibir más .

LA LEY DE LA ATRACCIÓN

La más famosa de las 12 leyes universales es la ley de la atracción la ley establece que toda la materia , nuestros sentimientos , palabras y acciones son energías que a su vez atraen las mismas energías , todo el universo es energía y las energías atraen energías similares . Cuando pones un pensamiento como esta persona es mezquina , atraerás exactamente esa actitud mezquina de esa persona o de otra persona , incluso atraer algún tipo de evento que te confirme que el universo es hostil y que tú eres una víctima cualquier creencia que tengas en este momento es lo que atraen las circunstancias de tu vida actual , cuando elegimos creer que el mundo es un lugar amigable , donde todos están ansiosos por cooperar e interactuar con nosotros para ayudarnos a lograr nuestras metas atraeremos a personas positivas y serviciales , a las que les gustaría trabajar , jugar y estar a nuestro alrededor , si somos positivos y una inspiración para aquellos que entran en contacto con nosotros ellos tambien coincidirán con nuestra vibración . No puedes cambiar el mundo pero puedes cambiar tu percepción de el si puedes lograr crear una nueva percepción todo cambiará porque cuando vibras con una nota positiva solo puedes atraer manifestaciones positivas siente habla y actúas como si ya tuvieras lo que deseas y el primer paso es mantener firmemente en tu mente la historia de tu vida ideal , puedo oírte decir , pero eso significa que me estaría mintiendo , como puedo decir que soy rico si no tengo dinero para el alquiler , no te estás mintiendo a ti mismo y se consciente de la falta de algo trae más falta de eso . Así que debes aprender a estar siempre agradecido y mirar en la dirección de mejorar las condiciones debes tener al menos la esperanza de que llegue algo bueno porque comprendes estas leyes universales , comprendes que tus creencias crean tu realidad y eliges crear de acuerdo a tus deseos no en contra de ellos si quieres abundancia concentrate y repite una historia sobre lo rica , feliz , abundante que es la vida que estás viviendo .

LA LEY DE TRANSMUTACIÓN PERPETUA DE ENERGÍA

Todos tenemos dentro de nosotros la capacidad de cambiar nuestras condiciones de vida en cualquier momento, dado que la energía está en constante movimiento y toda la energía eventualmente se manifiesta esta ley también establece que tienes el poder de cambiar tu vida , las energías vibratorias más altas consumen energías más bajas así que si no te gusta el camino en el que estas cambialo . O lo que á importante permite que se cambie en lugar de forzar tu voluntad sobre personas o circunstancias reorganiza tu forma de pensar y elige empoderarte y aprende a dejarte llevar por el flujo del universo. Cuando nos resistimos al cambio o intentamos afirmar una falsa sensación de control sobre el mundo externo siempre nos lleva a la lucha debemos aprender a aceptar el cambio trabajar con las energía y permitir que las circunstancias y oportunidades se manifiesten de acuerdo con la providencia divina la necesidad del ego de una falsa sensación de control puede bloquear el flujo de energia positiva es un pensamiento basado en el miedo puede socavar tu progreso en todas las demás áreas si no lo conoces , lo que te enfocas lo atraes a tu vida y hasta que te conviertas en el dueño de tu mente atraerás todo tipo de experiencias y personas tanto negativas como positivas mantén tu enfoque en las cosas positivas se agradecido con lo que tienes y sigue adelante sin tener en cuenta los eventos no deseados que manifiestas aprovechando al máximo cada momento , también debes saber si en un momento piensas soy exitoso , pero luego tienes otro pensamiento que dice eso no es cierto mira lo miserable que soy , Estos dos pensamientos se cancelarán entre sí están enviando energía positiva y luego cancelando con una vibra negativa es por eso que debes elegír constantemente ver lo positivo en cada situación afortunadamente cuando estás siendo negativo necesitas más energía para materializar estos pensamientos negativos , porque el bienestar es la naturaleza del universo y los pensamientos positivos son mucho más poderosos que los negativos los pensamientos positivos , especialmente los sentimientos positivos tienen mucho más poder de atracción asi que básicamente todo en este universo está funcionando a tu favor solo necesitas a empezar a notar esta realidad que nunca conociste y hacer caso omiso de la hipnosis colectiva que se encuentra la humanidad cada vez más personas se despertaran se daran cuenta del poder que hay dentro de ellas .

LA LEY DE LA RELATIVIDAD

Esta ley enseña que cada alma enfrentara algunos desafíos , es lo que haces con esos desafíos lo que te define y determina . en lo que te conviertes , puedes caer bajo la presión o elevarte y permitir que tus puebas te fortalezcan aprende a usar los desafíos de tu vida como trampolines . a través obstáculos cada uno de nosotros recibe nuestra parte justa de problemas en la vida y aunque etiquetamos estos eventos como desgracias en realidad representan un fortalecimiento y entrenamiento para nuestra alma y la luz que llevamos dentro y necesitamos recordar mirar nuestra vida aquí en la tierra como la totalidad de nuestra existencia nos hace temerosos limitados y débiles estamos tan asustados del mundo , de las enfermedades , de la muerte que perdemos la conciencia de la luz brillante que llevamos dentro de nuestro propio ser olvidamos nuestro poder y nuestra conexión con la conciencia superior de la que somos parte y que puede apoyarnos totalmente y eliminar el trabajo duro y lucha de nuestra experiencia de vida reconoce la situación actual , por lo que no la mires desde tu experiencia condicionada aquí en el planeta , pero ten una imagen más grande del universo y tu conexión y propósito en esta danza , elige este momento para entender que los obstáculos son oportunidades para identificar lo que no quieres en tu vida , envías deseos por lo opuesto a esos deseos que trerán expansión y crecimiento , por lo que general tu mayor temor u obstáculo a enredado tu mayor poder para cambiar las cosas por completo en la dirección que quieres confía en tu corazón e intuición a la hora de tomar desiciones y estarás en el camino correcto ten en cuenta que sin importar cúal sea tu situación de vida actual ahora es el momento que puedes cambiarla . porque al tomar conciencia de lo que sea de lo que atraes hasta ahora puedes identificar la emoción la creencia subyacente que te está reteniendo y así cambiarla todo es relativo a la percepción que tienes respecto a la situación en la que te encuentras, hay un millón de opciones que pueden suceder para corregir la situación en la que te encuentras , pero por miedo probablenente verás una o dos y esas serán realmente negativas es por eso que necesitas confiar en la presencia divina dentro que puede guíar las cosas y crear sincronicidades que pueden cambiar tu situación por completo , todo lo que tienes que hacer es estar en paz con todo lo que te pasa y saber que estás siendo atendido solo debes tomar esa acción que sienta bién si tomas acción por temor a traer más lucha y cosas que vibren en ese nivel siempre debes estar más claro y relajado antes de tomar cualquier situación , estar agradecido por tu singularidad por todas las cosas que te traen alegría y que te hacen la vida placentera enfócate en lo que quieres crear sin sentirte mal por no tenerlo sino que en cambio sueña como te sentirias si tuvieras esos sueños . Satisfechos ahora tu ego está paralizando tus acciones por el cambio y luego te hace sentir culpable y débil por no alcanzar tu máximo potencial no puedo enfatizar en lo importante que es eliminar tus creencias limitantes y todos estos comportamientos egoísta que todos aprendimos a lo largo de esta vida en respuesta de experiencias negativas necesitas detener tu inútil charla mental diaria que te envenena con dudas e inseguridades y comenzar a enfocar tu atención en lo que quieres , esto es lo que cambiara tu vida cambiara la historia . De una de debilidad y lucha , a una de empoderamiento y de ser infinitamente creativo una vez que comiences a creerlo y a tomar medidas para lograrlo tu mundo externo cambiara .

LA LEY DE LA POLARIDAD

También llamada la ley de los opuestos o la ley de las vibraciones mentales   esta ley universal establece que cada cosa en el universo tiene su propio opuesto y podemos transcender los pensamientos negativos al enfocarnos en los positivos y de esta manera construir una vibración superior tu persepción del tiempo presente   el ahora es lo que le da realidad al evento y la realidad en lo que te enfocas   llega perpetuarse a pesar de que en   el mismo momento tiene infinitas formas de desenvolverse   incluso si es malo ahora puede convertirse en algo grandioso porque ahora eres consciente de cúal es tu vibración en ese tema y ahora puedes cambiarlo y atraer algo que quieras   piensa en todos esos momentos en los que un evento negativo resulta ser lo mejor que te paso es , es lo que me paso cuando perdí mi trabajo , al principio pensé es un evento horrible solo para darme cuenta despues de cuan agradecido estoy de que haya sucedido . Debido a ese evento ahora puedo darme cuenta de que es lo que realmente amo en la vida y dedicarme a ello a tiempo completo , esto ha empezado mi viaje de autodescubrimiento y me brindo la oportunidad de usar mis pasiones a veces desde nuestra perspectiva limitada , no podemos ver lo que nos sirve es entonces cuando el universo interfiere y nos saca de circunstancias con las que no estamos alineados , a veces si queremos que nuestra vida cambie tenemos dejar ir lo que ya no es útil para poder hacer espacio para lo que realmente importa . Generalmente nos resistimos a dejar ir lo que no nos sirve , tendemos a ser más persistentes en aferrarnos y concentrarnos todo el día en lo que está saliendo mal , nos enfocamos en nuestras emociones negativas aunque todo lo que estamos pidiendo son positivas . Tener tranquilidad y empoderamiento comienza con decir si al cambio , debes aceptar el tiempo presente como una oportunidad para el gran éxito que se te avecina solo a través del momento presente el ahora puedes trascender un resultado negativo al aceptarlo primero cuando lo aceptes te darás cuenta de ello y lo experimentarás mientras te reconfortas para que pueda transformarse en uno superior no te resistas a la vida lo que vez en tu realidad física refleja tu mundo interior , si apareció significa que lo atrajiste con tus pensamientos , emociones , palabras o hechos se agradecido por lo que te esta mostrando luego actúa hacía un resultado diferente .

LA LEY DEL RITMO

Toda energía vibra y se mueve a su propio ritmo estos ritos establecen siclos y patrones piensa en las estaciones todas las cuales forman un año completo , cada estación tiene su propio propósito y función , pero como parte vital del círculo completo aprende a armonizar con las energías vibratorias superiores que buscas atraer eleva tu vibración a través de la comprensión y práctica de las otras leyes universales y alinéate con esas energías superiores . la meditación es un medio que muchos usan para conectar su energía a la fuente y como resultado mantienen frecuencias mas altas y una sensación de conexión durante todo el día el universo es infinito sin forma y la muerte no es mas que transformación y renovación es el comienzo de un nuevo ciclo no un final toda la naturaleza acepta estos cambios cíclicos , somos los únicos asustados y resistentes al cambio tenemos miedo a lo desconocido porque no vemos la conexión entre todo , nos aferramos a lo que tenemos aunque no nos sirva hay un tiempo para la transformación y un tiempo para el crecimiento . Aprende a navegar tus periodos de cambio de manera eficiente y te sorprenderás del potencial oculto en estos ciclos de cambio estos son los periodos que tienen diamantes en términos del cambio y calidad de vida que pueden aportar , confía en lo que la vida te brinda y aceptalo esta aquí solo para enseñarte una lección valiosa que necesitas aprender y para alinearlo más con lo que realmente eres para que no lo repitas en el futuro , cuanto antes abrases los cambios en tu vida , cuanto antes transcenderas el periodo de transformación y verás la gran oportunidad escondida detras de él , pero no podrás verlo hasta que hagas las pases con el lugar donde te encuentras actualmente y te muevas hacia una conciencia diferente entonces tu realidad externa cambiara y reflejara los cambios internos y luego las soluciones comenzaran a suceder con facilidad cuando sucede algo malo en nuestra vida tendemos a quedarnos con el problema y a pensar en los mismos pensamientos negativos lo que sucede en tus circunstacias externas no es importante hasta que le des tu respuesta puedes obstar por continuar en tu camino y pensar que todo va a estar bién o puedes resistir y luchar contra ellos solo para prolongar las condiciones negativas todo tiene un significado y un propósito en tu mundo y cuando entiendas y lo aceptes te darás cuenta que no estan sucediendo coincidencias solo sincronicidades destinadas a acercarte a tus deseos y a quien eres realmente .

LA LEY DE GENERO

Todo tiene una energía , femenina yin y masculina yang y la unión de estos dos principios da inicio a todo en nuestra creación incluyendonos a nosotros más todas las cosas necesitan un periodo de gestación y crecimiento antes de alcanzar la madures , nuestra tarea es equilibrar las energías masculinas y femeninas dentro de nosotros con el fin de lograr el autodominio y convertirnos en crocreadores con la conciencia universal . Nuestros pensamientos se rigen por la misma ley y , por lo tanto , necesitan un periodo de incubación y crecimiento antes de verlos tomar forma en nuestra realidad física esto es crucial para lograr nuestras metas , ya que la mayoria de las veces nos impacientamos demasiado pronto y saboteamos nuestros resultados abandonando nuestros deseos justo antes que llegué la oportunidad de triunfar . Todo lo que nuestros deseos necesitan son determinación paciencia y confianza para manifestarse. La manifestación es una alineación vibratoria con esta parte de ti que ya fue creada y se convirtió en lo que pediste en el momento que lo pediste si te sientes bien y lo crees que puede aparecer en tu vida en cuestión de horas o días lo obtendrás.

SON LAS DOCE LEYES UNIVERSALES SI APRENDES A USARLAS Y

CONBINARLAS TODAS PUEDES MANIFESTAR TODO EN TU VIDA.

36 LEYES DE LA CREACION

Las 36 leyes universales son las leyes de la creación y después de ello todo siguió andando sin necesidad de que nadie vigilara la Creación. Por eso aquellos que no saben de ellas, siempre culpan al Creador por todo lo que les sale mal. El universo, el sistema vivo perfecto.

Las 36 leyes universales:

Leyes de la Vida:

1-Como es arriba es abajo: Esta aplica el concepto de universo fractal, y la asimilación de que todo se repite en el cosmos, la creación que experimentamos es la que se replica de forma sistemática y fractal en todo el universo. Nuestro mundo es solo una replica a menor escala y tu mismo eres un pequeño universo fractalizado.

2-Como es dentro es fuera: Al igual que la anterior, la direccionalidad es indiferente y la realidad se replica así misma independientemente de la dirección que tome, en este caso concreto es nuestro mundo interior el que se replicara en nuestro entorno, según eres, igual es tu vida. Lo que hay en tu interior contaminara todo aquello que te rodea.

3-Ley de petición: Nosotros pedimos y el universo escucha.

Si necesitas ayuda pídela, pero debemos cuidarnos de actuar allí donde no se nos requiere ya que nuestra ayuda será malinterpretada y desechada, si se nos pide ayuda debemos asumir nosotros las consecuencias de la misma, así que el karma nos repercutirá si nuestra ayuda es incorrecta. A nivel espiritual la ayuda que se pide pasa por la aplicación correcta de nuestra petición. El si o el no, han de desaparecer de nuestras peticiones, y formular esta petición de forma positiva y alejada de lo material.

No debemos pedir "Quiero dinero" si no pedir lo que hará que lo consigas, como un empleo por ejemplo o la correcta consecución de un proyecto.

4-Ley de atracción: Tu vibración energética provocara que atraigas o repelas aquello que llega a tu vida según tu estado. Atraerás todo aquello igual a ti y repelerás todo lo que no se asemeje a tu estado actual. La aplicación beneficiosa de esta ley pasa por un necesario cambio de aptitud. Tu atraerás a ti, todo aquello que te sea afín, si eres positivo atraerás todo aquello que fluya en tu misma onda, si por el contrario eres negativo y tu actitud es pesimista eso es lo que llegara irremediablemente. Ten en cuenta que una vez atraigas eso que se sienta en sintonía contigo saldrá de tu vida todo aquello que no te reporte lo mismo y se iguale a tu estado.

5-Ley de la resistencia: Nosotros somos nuestro peor obstáculo, si te resistes te condenaras a repetirlo, debes aceptar lo que llega y dejarlo fluir. No debemos obcecarnos, debemos abrirnos y aceptarnos. Debes repetirte aquello que deseas de forma correcta para que llegue a materializarse. Evitar la resistencia inconsciente a ser felices y ser plenos.

6-Ley del reflejo: Todo lo que te rodea es un reflejo de ti mismo, cámbiate a ti mismo y cambiaras lo que te rodea. Así de sencillo, no debemos tratar de cambiar nada externo sin antes haber cambiado nosotros. Identifica tu propio reflejo en tu entorno y cambia lo que no te guste.

7-Ley de la proyección: Nosotros proyectamos en nuestro entorno lo que somos, tanto lo bueno, como lo malo. Asumir que somos parte del problema es el primer paso hacia la solución. Solemos proyectar en otros los defectos que poseemos nosotros mismos, identifica lo que proyectas y sabrás como eres.

8-Ley del apego: Debemos desapegarnos de todo aquello que nos impide crecer. El apego a sentimientos, materia o personas, impide que nada nuevo llegue a tu vida, solo dejando los apegos comenzaremos a crecer y evolucionar. Nuestra felicidad no depende de objetos, situaciones o personas, soltar esta dependencia te hará un poco mas libre.

Leyes de la Creación.

9-Ley de la atención: Focalizar nuestra atención en aquello que deseas, provocara que el universo conspire para que lo consigas. Pon tu atención de forma decidida y acertada y solo será cuestión de tiempo. La cantidad de atención que dediques a aquello que buscas será proporcional a la cantidad que consigas de aquello que manifiestes.

10-Ley del fluir: Nada es estático y todo fluye, esta es la premisa básica. No debes enquistar tus sentimientos, ni tus posesiones mas preciadas, permite que fluyan y volverán a ti multiplicadas. Fluye con la vida, permite que suceda y llegaras a lo que quieres. Deja que fluyan tus emociones y tus sentimientos, estos son como el agua, si se estancan se pudre, debes permitir que salgan y se manifiesten sin temor como un río, puro y fresco.

11-Ley de la abundancia: Toma la abundancia como algo innato en ti. Permite que esta llegue a ti y no sientas culpa. Se agradecido y permite que la abundancia llene tu vida. Felicidad, amor, alegría, éxito, prosperidad y generosidad, fluirán en ti, si no lo impides con falsos méritos y creencias culpabilizadoras. Te mereces la abundancia en tu vida y es hora que la disfrutes.

12-Ley de la claridad: Si eres claro en lo que quieres no habrá ninguna traba para que lo consigas. Cuanto más concreto y más conciso en tu foco psíquico más fácil será su concreción.

Conseguir tus metas de forma rápida y concisa dependerá de tu claridad a la hora de enfocarte.

13-**Ley de la intención**: La intención es poderosa, más aun que tus querencias y tus deseos. Tu intención es concisa y concreta y por lo tanto rápidamente evaluada y asumida por el universo. Poner una intención correcta en tus actos será suficiente para que estos se concreten y se manifiesten en consecuencia. Esta ley esta sujeta al karma y las consecuencias de tus intenciones serán asumidas y sumadas.

14-**Ley de la prosperidad**: Eres un ser prospero por defecto. Ser tierra fértil o yerma depende de tu enfoque mental. Esta ley implica un cambio sistemático en tu enfoque para ser aplicada en tu beneficio. Piensa, habla y actúa como alguien prospero y veras crecer los frutos. La apatía, el miedo y la pasividad juegan en tu contra, siéntete capaz, potencia tus virtudes y serás un ser prospero.

15-**Ley de la manifestación**: Eres un ser espiritual y estas en contacto permanente con el universo y este tratara por todos los medios darte aquello que le pides y manifestarlo para ti. Enfoca tus pensamientos hacia eso que deseas y se manifestara. Nosotros creamos nuestra propia realidad y esta toma forma a nuestra voluntad, puedes hacerlo de forma consciente o inconsciente. Tener este conocimiento implica que podamos manipular nuestra realidad conscientemente y amoldarla a nuestros deseos, solo debes querer.

16-**Ley del éxito**: Se suele relacionar el éxito con los bienes materiales, pero esto no es éxito. El éxito es la total y sincera creencia en ti mismo, la confianza depositada en tus propios actos determinaran el éxito en la consecución de los mismos. El éxito en tu vida es proporcional a la confianza que deposites en ti para lograrlo. Vivir de forma exitosa dependerá únicamente de la fe ciega puesta en ti.

Leyes de la Conciencia Superior.

17-Ley del equilibrio y la polaridad: Nuestra existencia esta polarizada y nuestra misión es hallar el correcto equilibrio. Si nos alejamos de este centro y nos acercamos a los extremos, la vida nos compensara con lo contrario. Una vida de riqueza, concluirá con otra de pobreza, un verdugo se convertirá en victima como consecuencia. Vivir de forma equilibrada evitara que seamos absorbidos por la polaridad y tengamos que compensar nuestra próxima existencia.

18-Ley del karma: Toda acción tiene una consecuencia o reacción. Tener presente esta máxima provocara que meditemos todas nuestras acciones y asumamos sus frutos. Todo lo que das tarde o temprano lo recibes. Sea de pensamiento o acción, todo lo que hagamos será sumado y cotejado. Si das amor recibes amor, pero si das odio no esperes otra cosa. Nuestros pensamientos, nuestras palabras y nuestros actos, son bumeranes que una vez lanzados volverán a ti irremediablemente y deberás purgar en tu próxima existencia.

19-Ley de la Reencarnación: Nada se destruye si no que se transforma. Volveremos a encarnar hasta que somos nuestros propios maestros. La reencarnación esta sujeta a la experimentación y el crecimiento espiritual, este comúnmente queda inconcluso tras la muerte y damos un repaso a nuestra existencia y nos quedamos para la próxima aquello que nos quedo por aprender y por saldar. Liquidar estas dos cuentas harán que tu evolución espiritual quede completa y salgas de esta rueda.

20-Ley de la responsabilidad: Asumir nuestra maestría, es asumir nuestra responsabilidad. Ser responsables de nosotros

mismos y de nuestros actos, es el primer paso para ser tu propio maestro. El universo nos da responsabilidades y nos permite manejarlas y comprobar nuestra propia maestría. Tener personas a nuestro cargo, como hijos o enfermos decidirá la medida en que tu responsabilidad habla por ti. El conocimiento y el poder que contrae tú responsabilidad tras un uso correcto de tu sabiduría en tus actos, empleadas en un beneficio común, serán premiadas y conseguirás saldar importantes deudas karmicas.

21-Ley del discernimiento: Aplica tu intuición en cada cosa que realices. Toma tus decisiones y elije de forma consciente e intuitiva, tu voz interior nunca te engaña, guíate de ella y logra el éxito en aquello que emprendes. Evita el juicio hacia otros, aléjate de programas que coarten tu discernimiento, racismo, sexismo o fanatismos, evitaran que tomes decisiones correctas y discrimines sin oír a tu Yo interno.

22-Ley de la afirmación: Afírmate constantemente en aquello que te quieres transformar, en lo que quieres realizar y lo que quieres cambiar, asume ese rol y todo se trasformara para que lo consigas. Solemos afirmarnos de forma errónea constantemente, no creemos merecernos nada y nos afirmamos de forma negativa, la mayor parte de las veces de forma inconsciente. Afirmarte en aquello que quieres ser, para convertirte en aquello que buscas.

23-Ley de la plegaria: Pide con Fe de forma concreta y correcta y te será concedido. Todos nuestros pensamientos son en si mismos plegarias, cuando nos sentimos apenados o preocupados, emitimos una plegaria negativa. Debemos centrarnos y formular nuestras plegarias de forma positiva, estamos en contacto directo y permanente con la fuente. El universo nos escucha y toma nota, el resultado a tus plegarias llegara a ti, si el resultado es correcto en tu existencia o te ayuda de algún modo a crecer.

24-Ley de la meditación: Al contrario que la plegaria donde

nosotros le hablamos a Dios, en la meditación somos nosotros los que le escuchamos. Silenciar nuestra mente para que llegue a nosotros su conocimiento. Busca el conocimiento a través de la meditación y este te será dado. Medita todas tus decisiones y llegara a ti la sabiduría que necesitas para crecer. Esta meditación no requiere un ejercicio especial, solo calla y escucha, la respuesta te llegara cuando esta, te sea realmente útil y precisa.

25-Ley del desafío: Es la herramienta para la evolución espiritual en la que el libre albedrío será nuestro canal. A lo largo de nuestra existencia seremos constantemente desafiados y nuestro libre albedrío nos hará solventar estos escollos. Ser tentados espiritualmente por otros entes que nos rodean y nos desafían a realizar ciertos actos o repetirlos de forma sistemática y constante, dependerá de nuestra capacidad de estar despiertos y atentos e identificar estos desafíos, para salvarlos de forma adecuada a través de nuestro poder de elección. Siempre serás sometido a estos desafíos y tu capacidad de elección será la que en último instante haga que concluyas con éxito.

Leyes de Frecuencia Superior.

26-Ley de frecuencia y vibración: Somos fuentes de energía en constante vibración y en una determinada frecuencia. Todo en el universo esta vibrando a una determinada frecuencia, y dependiendo de esta, será más o menos densa su materia. Nuestro planeta es de por si un orbe de baja densidad, por ello somos seres físicos. Nuestras emociones influirán en nuestra vibración, siendo el miedo la frecuencia más baja y el amor la más alta. Todas las bajas vibraciones, están relacionadas con sentimientos y pensamientos negativos, ellos harán que bajes tu frecuencia y por defecto tu universo se amolde a este estado, si por el contrario tus emociones son positivas, eres alegre, amable y empático, elevarás tu frecuencia y vibración. Las frecuencias están divididas en grados de densidad, cuanto mas elevada es la frecuencia vibracional, menos denso será el cuerpo físico (esto se suele confundir con dimensiones). Los distintos estados de densidad física están limitados por nuestra capacidad de emitir vibraciones positivas, siendo la más elevada el contacto directo con la fuente o Dios (Las 36 leyes universales).

27-Ley de milagros: Los milagros son la consecuencia de una existencia correcta. Hay unas pequeñas señales que permanente te indican que estas en el camino correcto y la consecución es, tu propia divinidad. Nada es casualidad, si no la causa de tu propio crecimiento espiritual. Estate atento y lee las señales, estas esta ahí para comunicarte que lo estas haciendo de forma correcta, esas corazonadas y esas coincidencias serán la pauta. Según vayas viviendo en el amor incondicional y utilizando el perdón de forma sincera, tu karma se vera aliviado y los milagros se irán materializando (Las 36 leyes universales).

28-Ley de sanación: Somos nuestros propios sanadores. Los pensamientos y los sentimientos negativos provocaran tu enfermedad, transmútalos y logra tu propia sanación. Enquistar nuestros sentimientos oscurecerán el ser de luz que eres. Somos energía y esa energía es luz (la suma de todos los espectros), sonido (vibración) y color (cada color esta asociado a una emoción), variar cualquiera de estos factores o potenciar unos sobre otros nos provocaran enfermedad y solo equilibrándonos sanaremos (Las 36 leyes universales).

29-Ley de purificación: Somos seres puros en esencia. La negatividad y los malos sentimientos empañan y ensombrecen este estado. Purificarnos pasa por limpiarnos de toda esa herrumbre negativa que vamos acumulando con la sucesión de experiencias y dramas que inundan nuestras vidas. Purifica no solo tu cuerpo y tu mente, también purifica tu entorno, evita las influencias negativas que emiten aquellos que están en tu entorno o los que te llegan a través de distintos medios. Todo ello ira dejando un poso en tu inconsciente que finalmente se reflejara en tu vida.

30-Ley de perspectiva: Nuestra perspectiva tendrá la capacidad nuestro entorno. El ejemplo más claro es en Las 36 leyes universales el tiempo, según nuestro estado de ánimo y nuestra perspectiva este transcurrirá más lento o más rápido. Si estamos en una situación de hastío los minutos nos parecerán horas y si estamos cómodos y alegres las horas parecerán minutos, incluso en situaciones de estrés extremo o pánico, el tiempo parecerá congelarse. Todo esto es solo un punto de vista, lo bonito o feo, lo bueno y lo malo no existen es solo nuestra perspectiva la que otorga las etiquetas a las cosas, todo será según tu propio punto de vista cree que es.

31-Ley de gratitud: Se agradecido. Cuando la abundancia y el éxito lleguen a ti, evita que te transforme, da las gracias por lo que recibes y permite que esa energía siga su camino. Permitir que todo fluya de manera adecuada y agradecer todo lo que llega a nuestras vidas. Por que sea para bien o para mal, deberás sacar una enseñanza de esa experiencia, luego se agradecido con todo aquello que te toca, no eres lo que tienes, si no lo que necesitas para tu crecimiento (Las 36 leyes universales).

32-Ley de bendiciones: Con nuestra bendición emitimos hacia aquellos que nos necesita nuestra energía positiva. No precisamos un ritual o una oración concreta, solo nuestra presencia, nuestro apoyo y enfocar nuestros pensamientos positivos hacia esa persona que nos necesita. Bendecimos con nuestro amor incondicional a aquellos que nos piden ayuda y les otorgamos la posibilidad de trasformarse con esa energía emanada de nosotros (Las 36 leyes universales).

33-Ley de decreto: El poder del verbo. Todo aquello que

decretamos queda concretado. Debemos cuidarnos de decir según que cosas ya que el universo hará lo posible por traérnoslo, él no conoce la ironía ni el doble sentido, así que mucho cuidado con lo que decimos. Al decretar firmamos un contrato con el universo, el verbo es vibración y todo en el universo vibra, esa vibración es recibida y reflejada en tu mundo. Decretar, es la plegaria mas rápida y directa, su consecuencia es a veces casi instantánea y no serán pocas las veces que dirás "si antes hablo antes sucede" en realidad eso es así porque lo has pedido (Las 36 leyes universales).

34-**Ley de Fe:** La fe se atribuye erróneamente al fervor religioso. La fe es un sentimiento puro emitido desde nuestro corazón y una firmeza en algo que sabes desde lo más profundo que es así. La fe en su pureza trasciende cualquier otro sentimiento, no es posesivo y se emite de forma universal, en plena comunicación con el cosmos. La fe en uno mismo es la pieza fundamental de todo éxito, la confianza ciega en tu capacidad y tu talento, convierten la fe en un aliado poderoso luchando a nuestro favor (Las 36 leyes universales).

35-**Ley de gracia:** Es la consecución del alivio karmico. Una vez hemos evolucionado lo suficiente espiritualmente la gracia llega a nosotros y los elementos insólitos y milagrosos se sucederán en nuestro entorno, para celebrar tu graduación existencial. Te has convertido en tu propio maestro el conocimiento y la sabiduría te son otorgadas y la misericordia obra a través de tus actos. Has entendido el juego y juegas de forma consciente.

36-**La ley del Uno:** Todos somos uno. No puedes aplicar ninguna de las leyes anteriores sin entender que todos si exclusión tenemos un mismo origen y manamos de la misma fuente. Somos una misma cosa y partimos de una misma conciencia. Dios es todo y todo somos Dios, es la máxima que deberás aplicar, deberán entender que no fuimos creados por él, si no que formamos parte y vivimos en él. Dios no es algo externo a nosotros, ni se encuentra en un templo, Todo es Dios por lo tanto allí donde estés estarás con él (Las 36 leyes universales).

Diana Cooper en su libro titulado "Las 36 Leyes Universales de la Vida". Diana agrupa las 36 leyes en 4 grandes grupos. Las leyes de la vida, las leyes de la creación y las leyes de conciencia y frecuencia superior.las 36 leyes universales:

Las leyes universales, también conocidas como leyes espirituales o leyes de la naturaleza, son los principios que gobiernan cada aspecto del universo y son los medios por los cuales nuestro mundo y el cosmos entero continúan existiendo, prosperando y expandiéndose.

Si buscamos la definición de la palabra ley, es una regla o norma, que es constante e invariable a la que está sujeta una cosa. Resaltó constante e invariable, porque hagas lo que hagas no la puedes cambiar, el hecho de que la entiendas o no, no significa que no tengan un efecto constante en tu vida.

De la misma forma que en el plano físico existen leyes, en el plano espiritual o mental también. Una vez aprendimos que era la ley de la gravedad y cómo usarla a nuestro favor, empezamos a desafiarla y a divertirnos con ella. De igual manera, si conoces las leyes que rigen el pensamiento, puedes empezar a usarlas a tu favor para crear los resultados que deseas.

Al escuchar hablar de las leyes universales por primera vez, la creencia de la mayoría es que se basan en teoría o especulación. Por el hecho de que no la puedas ver, ni entender, no significa que no exista. Con los avances en la ciencia se ha podido comprobar que las leyes universales son reales.

Made in United States
Orlando, FL
03 August 2024

49894139R00017